D1727753

Löwe, Frosch und Honigbiene

Karen Plate-Buchner
illustriert von Lisel Plate

Mit den besten Wünschen

für

Jutta Rosenberger

von

Karen Plate-Buchner

18.12.16

Löwe, Frosch und Honigbiene

Karen Plate-Buchner
und Lisel Plate

www.net-verlag.de
Erste Auflage 2016
© net-Verlag, 39517 Tangerhütte
© Coverbild: Jenny Schneider
Illustrationen: Lisel Plate
Lektorat, Layout und Covergestaltung: net-Verlag
printed in the EU
ISBN: 978-3-95720-193-5

Meiner Mutter in Liebe und Dankbarkeit

Vorwort

Dieses Buch ist aufgrund der Alzheimer-Erkrankung von Lisel Plate, der Mutter der Autorin Karen Plate-Buchner, entstanden, die in dieser Zeit von der Therapeutin Sabine Johnson betreut und zu den Zeichnungen animiert wurde. Die Illustratorin kreierte eine Vielzahl von Tierzeichnungen, die jeweils von der Autorin mit kleinen Reimen bestückt wurden.

Fast wie in einem Adventskalender gibt es in diesem Buch 24 bunte Bilder mit kleinen Gedichten über Tiere. Wie im Leben dreht sich vieles dabei ums Essen.

Herausgekommen ist ein Kinderbuch, das auch Anregungen für Kranke und Therapeuten bietet.

1

Der stolze Löwe ist etwas heiser
vom vielen Brüllen und daher leiser
als sonst. Das stört ihn,
drum nimmt er jetzt Medizin.

Bronchic

Leo

Lisel
Dora
5. 7. 2012

2

Den Froschkönig erkennt jeder gleich
an seiner Krone, doch bleibt er im Teich.
Die Prinzessin soll ihn nicht kriegen,
im Schloss gibt es nicht genug Fliegen.

3

Erwartungsvoll lauert die
schwarze Katze,
es zuckt schon in ihrer linken Tatze.
Nach kleinen Mäusen steht ihr der Sinn,
aber schaut mal genauer hin:

26. 10. 11

13

4

Das kleine Mäuschen ist nur aus Plüsch,
es saß Weihnachten auf dem Gabentisch
und wünschte der fröhlichen Kinderschar
ein gesundes, fröhliches neues Jahr.

PROST NEUJAHR!

4.1.12

Linell plate

5

Ein kleiner Bär sitzt geduldig im Garten,
auf den Honig muss er noch warten,
die ersten Blüten sind aber offen,
so kann er auf einen Bienenschwarm
hoffen.

6

Die erste Bienenkönigin
summt eifrig zu den Blüten hin.
Ihr folgt der Schwarm zum Honigsuchen,
und Ostern gibt es Honigkuchen.

7

Jetzt fliegt auch noch auf die Wiese flink
ein bunter taumelnder Schmetterling.
Er sieht hübsch blau und lustig aus,
gibt aber nichts ab vom Honigschmaus.

11.4.12

Liesel Plate

8

Die Hasen bringen jetzt ihre Kinder,
sie freuen sich, dass der lange Winter
zu Ende ist, ihre langen Ohren
haben nämlich ganz schön gefroren.

24.4.13

9

Sogar der Maulwurf schaut aus
dem Grase
und wittert mit seiner rosigen Nase,
ob er wohl eine Schnecke findet
oder einen Wurm, der sich windet.

10

Zum Glück ist er jedoch wieder weg,
als sich anschleicht die rosa Schneck'.
Sie freut sich schon auf grünen Salat
oder ein kräftiges Blatt Spinat.

11

Auch der Igel würde sie fressen,
hätt' er nicht grade drei Äpfel gegessen.
So legt er sich unter einen Strauch
und pflegt seinen runden rosigen Bauch.

12

Aus dem nahen Wald hopst ein
Hase herbei,
um zu sehen, wer aus dem Osterei,
das er neulich versteckt hat, gekrochen ist
und was das Küken so alles frisst.

Lisel Plate
31.10.12

31

13

Ein gelber Vogel kommt angehüpft,
er ist da sicherlich rausgeschlüpft.
Es ist eine Ente oder ein Hahn,
aber sicher kein Pelikan!

14

Zwei Vögel watscheln noch hinterdrein,
das können wirklich nur Gänse sein.
Sie ähneln sich wie ein Ei dem andern
und wollen zu ihrem Futternapf wandern.

7.11.12

Liesel/
Platt

15

Am liebsten fressen Pelikane Fisch,
der hält sich in der Dose länger frisch.
Doch lieber als den Hering aus der Dose
mag dieses kleine Tier Tomatensoße.

16

Nachdenklich steht die Möwe am Meer,
wo holt sie wohl heute ihr Futter her?
Soll sie leckere Muscheln fressen
oder Brot von den Menschen essen?

15.12.12

Der Dackel schaut dich treuherzig an,
als ob er kein Wässerchen trüben kann.
Gerne möchte er mit dir spielen
und sich mit dir auf dem Boden sielen.

41

18

Der Schlittenhund zieht wirklich gerne
den Schlitten in der weiten Ferne.
Eigentlich ist er viel zu stark,
um nur herumzutollen im Park.

24.10.12   Gisele   Pirate

19

Der Elefant ist ein riesiges Tier
und nicht so klein und niedlich wie hier.
Er ernährt sich nur von Grünpflanzen
und bewegt sich manchmal,
als würde er tanzen.

29.2.12

Dlota
Unsel

45

20

Der lustige Affe hier wohnt im Zoo.
Wenn du ihn besuchst,
dann freut er sich so,
dass er alle möglichen Faxen macht
und so aussieht, als ob er lacht.

21

Der Tiger ist im Dschungel zu Haus'
und kommt da auch nicht so oft heraus.
Die Menschen haben oft Angst vor ihm
und halten ihn für ein Ungetüm.

Lísek Plate

22

Den Esel dagegen kannst du streicheln.
Ich glaube übrigens, er mag keine Eicheln.
Am liebsten frisst er Möhren, Getreide
und holt sich frisches Gras von der Weide.

17.1.12

51

23

Eichhörnchen haben im Baum ihr Nest,
damit man die Jungen in Ruhe lässt.
Und wenn sie groß sind,
klettern sie munter
von ihrem Baum wieder herunter.

11.1.12

53

24

Schau dir mal das Erdmännchen an,
wie gut's auf zwei Beinen stehen kann.
Dabei reckt es nach oben die Hände,
und nun ist unser Büchlein zu Ende.

19.3.13

55

Über die Autorin:

Karen Plate-Buchner

Karen Plate-Buchner wurde 1956 in Berlin geboren und arbeitete dort 30 Jahre lang sehr gerne als Studienrätin. Erst seit der Beurlaubung zur Pflege ihrer Mutter begann die Leseratte selber zu schreiben. Die Bändchen »Der Prinz von Kreta – Schlichte Gedichte« 2014 im Frankfurter Literaturverlag und »Schwanensee. Kein Ballett. Gedichte.« 2016 im Schardt Verlag Oldenburg enthalten auch Texte über Pflege und Demenz, heranwachsende Kinder und alternde Eltern.

Jetzt hat sie kleine Gedichte für die schönsten Bilder ihrer Mutter verfasst. Das Büchlein soll Kindern Spaß machen, aber vielleicht auch Kranke wie Pflegende ermuntern und anregen.

Über die Illustratorin:

Lisel Plate geb. Rogge

Die Illustratorin wurde 1929 in Oldenburg geboren. Nach dem Krieg absolvierte sie als Vollwaise auf Wunsch ihrer Großmutter eine Schneiderlehre in Berlin. Nach ihrer Heirat widmete sie sich ganz ihrer Familie. Sie unterstützte ihren Ehemann Dr. Hans Peter Plate in Lehre und Forschung und verwöhnte ihre Tochter und ab 1991 die Enkelin mit selbstgenähten Puppenkleidern und Stofftieren. Nach dem Tod ihres Mannes erkrankte sie an Alzheimer und zog zu Tochter, Schwiegersohn und Enkelin mit ihrem Dackel ins Grüne. Von ihrer Maltherapeutin unterstützt, konnte sie noch jahrelang Plüsch- und andere Tiere porträtieren, von denen die eindrucksvollsten für dieses Büchlein ausgewählt wurden. Sie erfreut sich bester Pflege und ihre Umgebung trotz der Schwere ihrer Krankheit mit ihrem heiteren Wesen.

Über die Therapeutin:

Sabine Johnson

Sabine Johnson arbeitete am Gymnasium als Kunstlehrerin sowie als Kunsttherapeutin. Einmal wöchentlich ergab sich bei den Besuchen bei Lisel Plate aus der geliebten Umgebung ein Thema, das zum Gestalten anregte. Das konnte ein Plüschtier sein oder ein Foto ihres Dackels. Immer war die alte Dame, zu Beginn immerhin 82 Jahre alt, gut gelaunt und freute sich auf das Malen.

Die Hilfestellung bestand hauptsächlich im Skizzieren der Umrisse mit Bleistift und bei der Farbauswahl. Stolz verkündete Frau Plate nach Beendigung der Arbeit jedes Mal: »Da wird sich Karen aber freuen!« Und so war es denn auch.

Die bis zum Erscheinen des Buches vierfache Großmutter freut sich schon darauf, das Buch mit den Enkeln anzusehen und daraus vorzulesen.

Buchempfehlungen:

Oh hex einmal!
Kinderbuch von Sandra Rapp
Hardcover, 50 S.
ISBN 978-3-95720-169-0
13,95 €

Bibbi & Bobbo
Die Freundschaftsprobe
Kinderbuch von Peter Kaiser
Hardcover, 34 S.
ISBN 978-95720-111-9
15,00 €

Fräulein Karnecke & Freunde
Kinderbuch von Diana Stein
Hardcover, 82 S.
ISBN 978-3-95720-114-0
14,95 €